Ich bin eure Mutter Erde

Komm und staune mit mir

Ingrid Felicetti

als Botschafterin der Mutter Erde

FSC
www.fsc.org
MIX
Papier aus ver-
antwortungsvollen
Quellen
Paper from
responsible sources
FSC® C105338

Herstellung und Verlag:
BoD - Books on Demand, Norderstedt
ISBN 978-3-7448-2207-7

Vorwort

Eine Klientin und wunderbare Wegbegleiterin hat mich zu einem Abend mit dem Bestsellerautor Neale Donald Walsch („Gespräche mit Gott") eingeladen.

Er sprach von einer neuen Ideologie und von einer Idee.

Es war für mich die Bestätigung dafür, was ich schon lange fühle und auch lebe:

Die Idee, unserer wunderbaren Erde, die uns täglich trägt, eine weltweite Heilenergie zu senden!

Das ist die Idee, und deshalb schreibe ich dieses Buch für uns alle. Damit wir der Erde wieder diese Achtung und Liebe entgegen bringen, die sie verdient. Für all diese Schönheit und Freiheit, die sie uns gibt.

Gott hat die Erde mit so viel Farbenpracht gemalt!

Ich zitiere meine Schwester Herta:

„Gott ist der größte Maler aller Zeiten!"

Das Vertrauen, das Mutter Erde uns schenkt, soll wieder gewürdigt werden!

Diese Botschaft soll unser Herz erreichen!

Linara war ein Channelmedium für die Mutter Erde.
Jede Botschaft wird so weiter gegeben, wie sie überliefert wurde.

Ingrid Linara Felicetti, 2017

Mein erstes Buch ist geschrieben, und jetzt setze ich den Grundstein für ein weiteres Buch. Mein zweites Buch sollte eigentlich das erste werden, doch mir ist etwas dazwischen gekommen:

Ich musste für mich kämpfen, damit die Erde nicht einen Erdenbürger verliert, der auch für sie kämpft!

Meine Freundin Mutter Erde und ich.

Du bist die Erde, auf der wir leben, und deine Beschaffenheit mit all deinen Reichtümern gibt uns die Möglichkeit uns weiter zu entwickeln.

Die Werte, die wichtig sind, sehe ich in den verschiedenen Formen, Farben, Tönen, Schwingungen – und deine Wirkungskraft, diese Werte für jeden von uns so in Verwendung zu bringen, dass eine wunderschöne Melodie entsteht.

Wir Menschen sollen uns auch wieder mehr an den Naturkräften orientieren, denn sie zeigen uns, welche Veränderungen im Hier und Jetzt geschehen.

Ein Baum zeigt uns, dass die Wurzeln in der Erde der Halt sind, damit eine Balance entsteht. Denn wenn wir geerdet sind, können wir auch viel Neues ins Leben bringen.

Die Kraft der Erde kann sich jeder zunutze machen, denn sie ist es, die mit uns gemeinsam die Veränderungen lebt.

Seht die Tränen der Erde, die euch trägt!

Freut euch gemeinsam mit mir, eine Reise zu beginnen zur Mutter Erde, die uns liebevoll trägt!

Ihr geht jeden Tag auf der Erde – sie ist für uns da.
Jetzt braucht sie unsere Hilfe, um sich neu zu gestalten.
Durch Achtsamkeit wird Freiheit jedes Einzelnen im Herzen zum Fließen gebracht.
Die Veränderungen, die jeden Tag geschehen, bringen viel Neues an den Tag.
Das Neue ist kraftvoll; bist du bereit, es anzunehmen?

Die Erdenmutter ist unsere Lebens- und Nahrungsquelle!
Das ist Reichtum im Herzen.

Ich bin ich – und Du bist die Erde! Eine Handvoll Liebe trägt uns.

Jeder von uns kann für die Mutter
Erde etwas bewirken.
Denn alles, was ihr für die Mutter
Erde macht, gibt sie euch als Wunder
zurück.
Es ist Zeit, dass wir wieder achtsam
mit allem Leben umgehen.
Die wahren Werte fließen in der
Gemeinsamkeit.
Gemeinsam sind wir stark!

Ich hörte oft Menschen sagen:
„Schlaf mal eine Nacht darüber!"
Und siehe da:
Dadurch änderte sich so manches Problem ins Positive!

Das Leben ist von Gott geschenkt und gelenkt.

Hoffnung ist die Seele der Welt.

Ich bin für euch da, und jetzt brauche ich eure Hilfe, um mich zu erneuern.

Die Liebe der Schöpfung ist ein Segen für uns alle!

Seid bereit für die Veränderung, denn nur so können wir gemeinsam wirken im Sein der Erneuerung!

Lebt mit mir so, wie es die Schöpfung uns gelehrt hat.

Die Schönheit erreicht unsere Herzen und gibt uns allen die Kraft, es miteinander zu tun – im Einklang mit der Dreifaltigkeit.

Lebt!
Es ist ein Geschenk für
uns alle, dass es uns gibt!

Heilung geschieht immer mit Liebe!

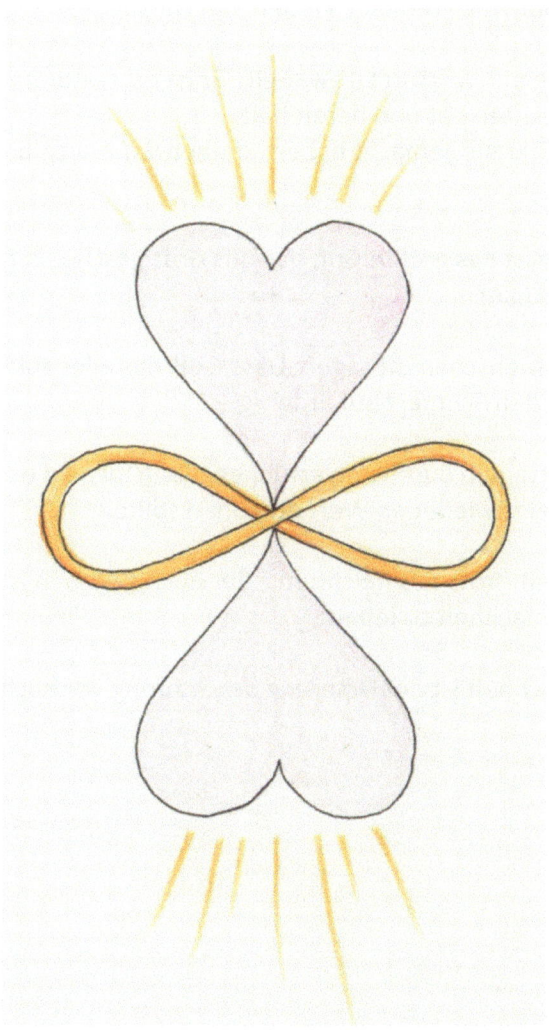

Die Freiheit, die wir in uns tragen, verbindet uns alle mit der Urkraft des Schöpfers!

Es ist schön, die Freiheit zu leben, die wir sind.

Hört bitte auf, an Gott zu zweifeln. Er ist es, der diese Erde für uns erschaffen hat und bereit hält.
Was wir daraus gemacht haben, können wir nur selbst wieder ändern.

Die Liebe ist das größte Gut, das uns Gott geschenkt hat auf Erden. Danke!

Ich höre Menschen oft sagen: Dass Gott das alles zulässt – das Leid und den Schmerz auf Erden!

Seid achtsam in euren Bewertungen, denn ihr seid es selbst, die so vieles wieder an Wert erkennen sollten

Seid bereit, trotz des Reichtums, der euch gegeben ist, wieder in der Einfachheit zu leben!

Die Einfachheit ist der Ursprung der Achtung vor euch selbst!

Macht selber eure Erfahrungen, und ihr werdet so viele
Wunder selbst erleben!
Sucht immer wieder Möglichkeiten, gemeinsam mit der Erde
vieles zu erkennen und zu erfahren.
Die Erfahrungen, die wir alle auf der Erde machen, sind
unsere Zukunft.

Zur Erklärung, damit du das besser verstehst:
Jeder hat eine Lebensaufgabe, die er selbst wählt.
Der Mensch selber hat die Möglichkeit, ob er daraus lernt!

Sagt „Ja" für euch, und ihr werdet erkennen und staunen, was
alles entsteht.

Eine andere Möglichkeit, sich selbst Gutes zu tun, ist eure
Seele zu begrüßen, die euch hilft, euren Weg zu gehen.

Ihr selbst seid es, die diese Wunder vollbringen!

Viele Menschen fragten mich:
Wie lernt man die Selbstheilungskräfte zu aktivieren?
Nehmt einen Stein in die Hand, geht in die Natur und lasst
eure Traurigkeit, den Schmerz, den Kummer usw. in den Stein
fließen. Legt den Stein dann auf die Erde und sagt:
„Bitte, liebe Mutter Erde, nimm du es für mich!"

Dankbarkeit der Erde gegenüber ist sehr wichtig.
Ihr werdet erkennen, wie die Selbstheilung in euch wirkt.
Ich habe schon sehr viele positive Erfahrungen dadurch erlebt
und kann es jedem empfehlen!

Jeder von uns kann sich mit der Erde
verbinden und auch kommunizieren.
Die Urvölker haben es uns gelehrt
und vorgelebt.
Viele dieser Urvölker gibt es auf der
Erde nicht mehr – sie haben die Erde
verlassen, weil es für sie sehr
schwierig war, uns dieses Wissen
weiter zu geben.
Im Annehmen dieses Wissens liegt
Weisheit.
Der Wille es zu tun, ist die große
Weisheit im Leben.

Es werden sich viele fragen:
Wie kann ich mit der Erde kommunizieren?

Ich würde versuchen, zuerst mit mir selbst zu kommunizieren.
Mit meiner Seele, mit meinem ICH BIN – und mit meinem
Herzen.
Denn diese Kraft ist die Verbindung zur Kommunikation mit
der Erde.

Das Erlernen dieser „Kommunikation des Ganzen" ist eine
Selbsterfahrung, die Erfolge mit sich bringt.

Seid achtsam mit euch selbst!

Seht diese Erde als eure Heimat, die ihr als Geschenk für euer
Leben gemeinsam nützen könnt.
Die Kraft, die ihr miteinander lebt, ist in eurem ganzen Sein zu
finden.

Ich möchte euch etwas Wertvolles auf eurem Weg mitgeben:

Seid achtsam mit eurem Wissen, das jeder in sich trägt!

Jeder hat den gleichen Wert, doch jeder einzelne geht seinen eigenen Weg.

Erkenntnis-Verse

Erkenne dich selbst!
Es ist ein Wunder –
Der Reichtum der Liebe
ist eine Kunde.

So wandern wir weiter,
es ist solche Freud,
die Erkenntnis zu haben,
ihr lieben Leut.

Vertraut euch
An allen Tagen,
es ist sehr wichtig,
viel zu fragen.

Das Leben gibt dir,
was du brauchst –
so wirst du sehen,
worauf du baust.
Nimm nur das Beste,
es ist deins –
so wirst du gehen
im Lebens Eins.

Der Friede ist so wichtig,
damit auf der Erde Licht ist.
Das Licht ist in jedem,
sei dankbar dafür,
es öffnet dir so manche Tür.

Jeder kann im Leben alles schaffen,
das Paradies ist hier, um zu naschen!

Verliebt euch ins Leben –
Es ist so schön!
So könnt ihr im Herzen
Vieles verstehn.

Gemeinsam singen die Jungen und Alten
ein Lied für die Erde,
damit wir sie halten –
die Freude zu sehen,
wie sie sich neu gestaltet.

Der Quell des Lebens ist im Wasser zu suchen,
die Erde trägt uns,
wir können eine Reise buchen …
Es geht die Welle auf und ab,
und das hält dich im Leben auf Trab.

Du wirst vom Leben reichlich beschenkt,
wenn du auch an die andern denkst.
Auch an euch zu denken, ihr Tiere der Erde,
denn auch ihr seid ein großes Erbe.

So fließt die Liebe
vom einen zum andern –
es ist einfach wunderbar,
so auf der Erde zu wandern.

Sehr, wir leben in Einheit mit Gott –
Er führt uns und bringt uns das große Lob.
Vergeben, dem andern verzeihen, Frau und Mann –
Du dadurch im Leben kannst vertrauen dann.

Wir sagen Dank, dass ihr uns zugehört,
so seid auch ihr es, von denen wir gemeinsam gelehrt:
Im Leben ist sehr wichtig die Harmonie –
Vergesst das nie!

So, liebe Leut –
Und gebt auf euch Acht!
Die Liebe ist da,
bei Tag und bei Nacht.

Das Leben zu leben –
Es ist jetzt Zeit!
Denn der Friede auf Erden
ist hoffentlich nicht mehr weit.

Sag ja zu dir,
es bringt dich voran,
der Weg zur Liebe ist nicht lang.
Sie reicht dir die Hände,
nimm sie dankbar an,
vertraue dir selbst,
so spürst du es dann.

Kannst immer mehr lachen
im Leben fortan!
Die Engel,
sie sehen mit Liebe zu dir
und bringen die Weisheit –
die Liebe ist hier.

Die Sonne, der Regen,
es ist alles ein Segen.
Alle sind da,
es ist einfach wunderbar.

Liebe geben, Liebe nehmen -
alles ist für uns bereit.
Solche Lieder will ich loben –

Kann ich sie singen für euch oben?
Sie klingen so rein und schön,
diese Liebe soll niemals vergehn.

Kraft und Freude begleiten mich,
und so hab ich klare Sicht.
Danke!

Das Erdenglück

Ich erzähle hier eine Geschichte, die mich selbst bewegt.
Der Inhalt ist leicht zu verstehen, obwohl einiges zum Nach-denken anregt. Auch die Freude darüber zu schreiben und zu sprechen ist immerwährende Veränderung.
Stellt euch vor, es ist ein Traum, der sich in der Wirklichkeit bewegt.

Es war einmal eine Gruppe von Menschen, die beschlossen haben, etwas für die Welt und die Mutter Erde zu tun.
Was sind die Welt und die Mutter Erde? Globale Schönheiten!
Es gibt für sie viele Bezeichnungen.
Wir beginnen bei der Schönheit der Natur.
Was sagen uns die glanz- und farbenfrohen Blumen, Sträucher, Bäche, Täler und so weiter?
Die Natur ist durch Gottes Hand in Vollendung dargestellt – in Farben, Formen und Gestalten.
Doch welche Farbe passt zu dir, zu mir, zu uns?
Alles ist auf Farbe aufgebaut. Die Straßen sind mit grauschwar-zem Asphalt überzogen – auch das ist eine Farbe …
Um unsere Erde zu beschreiben, würden Platz und Zeit nicht ausreichen, doch etwas Besonderes kristallisiert sich heraus.

Mit den Augen eines Kindes gesehen:
Wo bin ich? Es ist warm, ich bekomme zu essen, ich schwimme, und jeden Tag wächst bei mir etwas Besonderes dazu, ich werde größer und höre verschiedene Stimmen.
Ich schlafe – und plötzlich zieht mich etwas hinunter. Es ist sehr eng hier, ich quäle mich hindurch, und schwups! – auf einmal blendet mich etwas, ich kann meine Augen nicht

öffnen. Doch mein Mund gibt Töne von sich, ich erschrecke! Etwas Starkes umarmt mich, drückt mich, ich spüre etwas Nasses auf meiner Wange. Das passiert öfters, drücken, nass, drücken, nass – nur wenn ich schlafe, habe ich Ruhe. Es vergeht einige Zeit, dann spüre ich etwas vor mir, das mir schon länger vertraut ist, ich höre und sehe!

Ich kann aber noch nicht unterscheiden – Augen, Ohren, alles gleichzeitig … Und dann sehe ich von der Seite zwei Stäbe, die sich bewegen – oft tut das weh, denn sie sind schwer zu halten. Sachen fliegen vor mir her, und ich greife ins Leere …

Dann habe ich plötzlich etwas in meinen Stäben, das ich fühlen kann! Was ich höre: immer wieder die gleichen Laute. Was mich etwas verunsichert: ein störender Geruch, wenn ich ausgepackt werde – und wenn er weg ist, werde ich wieder eingepackt …

Jetzt kann ich schon sitzen, und bald kann ich laufen. Alles ist neu für mich, und auf einmal kann ich „Mama" und „Papa" sagen und ihnen voller Freude in die Arme laufen. Das ist meine Welt, die sich um mich dreht!

Da ist ein Gefühl der Wärme, denn ich kleines Wesen bin ihr größter Schatz!

Doch warum ich so klein bin und alle um mich so groß, weiß ich nicht. Aber Liebe kennt keine Größe, sie ist vielseitig.

Meine Stäbe sind Hände und Füße, das weiß ich heute. Mit meinen Händen schenke ich vielen Menschen Umarmungen, und meine Füße tragen mich durchs Leben.

Sara ist mein Name – auch das weiß ich seit heute.

Ein Mensch, der sich entwickelt, in seiner ganz speziellen Welt – ein Teil von unserer großen Welt.

Es sind Kinder mit einer anderen Hautfarbe.
Seht in ihnen die Liebe, und dass diese Kinder ins Licht gehen.
Bitte betet für diese Kinder.

Gebet

Die Sonne scheint wieder in die Herzen von Afrikas Kindern.
Sie sind jetzt wieder gesegnet von allen Menschen, die die
Liebe in Frieden leben.
Seid dankbar für diese Kinder, die Gott als Zeichen der
Erkenntnis auf die Erde gesandt hat.
Einige werden sich jetzt fragen: Was ist mit den vielen
Kindern die verhungern?
Die Wahrheit ist, dass diese Seelen sich zur Verfügung stellen,
damit wir erkennen, dass wirklich für alle Wesen auf der Erde
genug vorhanden ist und keiner verhungern müsste.

Wir alle sind Schöpfungskinder.
Die Erde ist in einem aktiven Reinigungsprozess.

Wir sind bereit, das Allerbeste zu geben.
Das Allerbeste sind wir selbst.

Wir können unseren Weg immer wieder neu gestalten.

Unsere Begegnungen sind oft ein Moment – dann wieder gibt
es Begegnungen, die einen ein Leben lang begleiten.

Das Leben ist so kostbar, so wie die Liebe auf Erden.

Seid mutig und geht euren Weg!

Das Wunder der Schöpfung seid ihr, und das Leben gehört uns gemeinsam!

Es wurde mir so viel Leid und Schmerz zugefügt, und viele haben mich meiner Güter beraubt.

Ihr lieben Erdenbürger, eine sehr
gute Lebensführung besagt:

„Zuerst fragen, ob es erlaubt ist zu
nehmen!
Und: Darum bitten und dafür
danken!"

So viele nehmen von mir – aber wo
ist ihre Dankbarkeit?

Ich als eure Erde zeige euch jeden
Tag, wie es mir geht und wie ich mich
fühle.

Es ist für mich als eure Erde auch viel
Freude, dass schon so viele
Lichtbringer auf der Erde sind, die mir
danken und mich würdigen!

„Die Welt ist schön, und die Natur schenkt uns Früchte."
(Elias)

„Wenn die Natur zusammen bricht, dann helfen wir ihr wieder aufzustehen." (Elias)

„Wenn dir die Natur hilft, solltest du der Natur auch helfen!" (Elias)

Die Erdenmutter ist so voller Liebe und Hoffnung, dass so viele diese Idee der Erdheilung in mich, durch mich und über mich fließen lassen.

Kommt! Arbeiten wir gemeinsam am Heilungsprozess!

Segen für uns und das Leben der Schöpfung!

Seid bereit, euch selbst auf meiner Erde zu leben!

Eure Seelen sind bereit, das Allerbeste zu geben.
Das Allerbeste seid ihr selbst!

Ihr könnt euren Weg immer wieder neu gestalten, und ich als
eure Erde helfe euch dabei.
Bitte fragt mich – und ich lehre euch, wie ihr euer Leben auf
mir erkennen und voller Achtung auch zu euch selbst wieder
finden könnt.
Ihr seid es, die so viele Leben schon auf mir unterwegs sind.
Erkennt die vielen Wunder, die jeden Tag geschehen!
Jedes Kind und jedes Tier sowie auch der Reichtum in der
Natur sind Wunder der Schöpfung!
Freut euch, einander zu begegnen, und lernt auch von
anderen, die diesen Weg als Zeichen des Erwachens schon
erkennen!
Seid mutig und geht euren Weg, ich helfe euch dabei.
Vertraut eurer Seele, denn sie ist es, die mit mir
kommuniziert.
Der Reichtum, den ich in mir habe, ist für alle bereit, wenn ihr
es erkennt.

Ein Großprojekt in der Schule brachte mich zum Staunen. Die Schüler durften mit einer Malerin die Schulmauer bemalen. Elias fragte mich: „Ingrid, wieso müssen wir den Zaun anmalen?" Ich antwortete: „Es ist ja ein Glück, dass wir mit der Malerin diese Mauer bemalen dürfen!" Elias schaute mich an und sagte:

„Ingrid, es geht nicht ums Glück, es geht um den Frieden!"

Auch an euch zu denken, ihr
Tiere der Erde, denn auch
ihr seid ein großes Erbe.

Jeder von uns hat sehr viele Fähigkeiten.
Nützt eure innere Wahrheit, und lebt eure Herzensgefühle für euch selbst.
Wir sind auf der Erde, um uns weiter zu entwickeln.
Lebt eure Kraft und Liebe für euch selbst, denn erst dann könnt ihr anderen helfen.
Meine 16-jährige Tätigkeit als Kosmetikerin brachte mich mit den Menschen hautnah in Kontakt. Deshalb ist es wichtig, einen Selbstschutz zu entwickeln, um die eigene Energie zu leben. Erst dann können wir auch etwas bewirken.

Ich arbeite mit dem Wissen der Indianer.
Es ist erstaunlich, mit welchen Mitteln sie sich selbst heilen.
Es gibt auch schon einige Ärzte, die diese Heilmethoden anerkennen. Ich war einmal bei einem Vortrag mit Ärzten, die sehr viel von der Seele sprachen.
Wichtig ist es zu wissen, wo die Seele ist.
Jede Seele eines Wesens hat einen Namen, ebenso wie unsere Schutzengel.
Eine Frau wollte von mir wissen, wie der Name ihres Schutzengels und der von ihren Kindern lauten.
Sie freute sich, das ihren Kindern mitteilen zu können – und das Erstaunen war groß, als ihr Mann fragte: „Und wie heißt meiner?"
Liebe Männer! Auch ihr könnt eure Gefühle zeigen, es bringt euch weiter auf eurem Weg!

Da ich auch mit Kindern arbeitete, kam eines Tages ein kleiner Junge in unser Wohnzimmer, drehte sich schnell zu mir um und fragte mich: „Und, wie heißt mein Schutzengel?"
Es war eine Freude zu sehen, wie spielerisch leicht Kinder damit umgehen!

Deshalb, liebe Mütter, kauft Seifenblasen für alle, denn dadurch bleibt der natürliche Zugang zur Urseele der Welt erhalten!
Im Licht spiegeln sich die Regenbogenfarben in den Seifenblasen.
Das Licht führt uns in die Liebe – kommt ihr Wunder, damit wir euch leben!
Das große Wunder ist jeder selbst.
So sei es!

Alles, was für die Erde in Achtung und Würde getan wird, gibt sie uns hundertfach zurück.

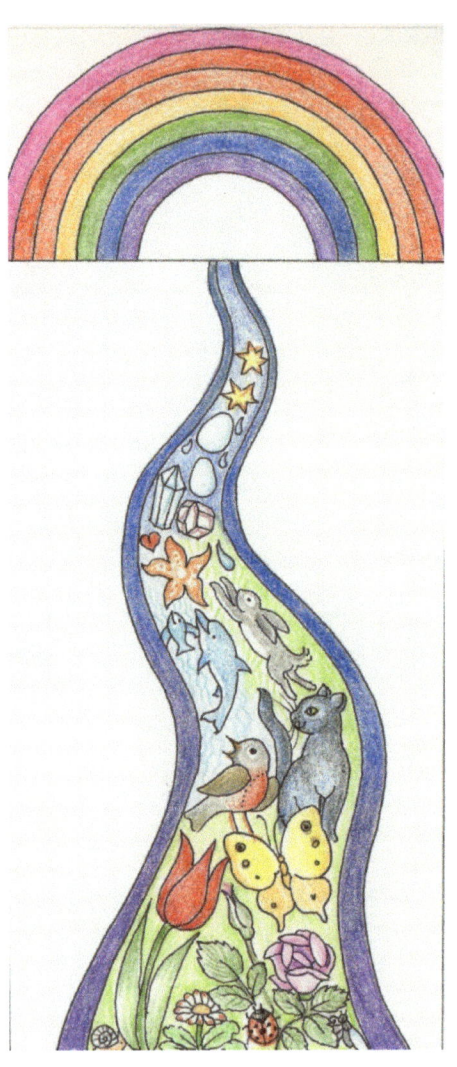

Verbindet euch wieder
mit der Schönheit und der
Kraft der Natur, die die
Erde stets neu gestaltet:

UNSERE ERDE!

So schaut es aus auf unserer Mutter Erde:
Auch du hast einen Platz,
auf dem sie dich nähre.
Doch bedenke: wie viele haben das nicht?
Wir stehen jetzt nicht vor einem Gericht!
Richter zu sein ist nicht, was der Erde hilft!
Sie zu ehren –
Das entzündet in ihr ein Licht.
Die Freude, dass sie es ist,
die uns täglich trägt.
Spüre, wie auch in dir
die Herzensliebe lebt.
Gemeinsam ist das Wort von Vertrauen,
denn nur so können wir gemeinsam ein Fundament bauen.
Das hat dann die Kraft, ein Kunstwerk zu schaffen,
in jedem von uns die Lebensqualität zu achten.
Wenn der Eine viel hat und der Andere wenig –
Das Leben trennt viele durch Länder – sie fliehen …
Mit Berührungen werden die Herzen offen,
dann können wir wieder hoffen.
Schau auch du selbst, wie du dir hilfst,
und wenn du dann willst,
ist der Weg schon in Sicht –
die Heilung des Lebens sich dir öffnet
wie ein Gedicht.
Den Schlüssel des Lebens hat jeder in sich drinnen,
horche in dich, dann wirst du ihn finden.
Die Liebe gibt uns die Kraft, das Leben zu verstehen.
Es ist schön, die Freiheit zu leben,
die wir sind!

Friede kehrt zurück zu allen Lebewesen – und die Weisheit
wird zur Wahrheit.
Trage die Liebe im Herzen, denn so verstehst du die Sprache
Gottes.
Es ist wichtig, sich selbst zu begegnen.
Vertrauen ist das Wort der Achtung in sich selbst.
Lebe – und du bist frei!

Das Leben ist im Herzen der Menschen geboren,
aus dem Herzen heraus ist Liebe gedacht.

Das Herz hat die Flügel der Seele.

Seele ist Mensch
Mensch ist Freude –
und so entsteht Seelenfreude!

Mit sich achtsam umgehen und wachsam sein ist eine
Weiterentwicklung der Seele.

Das Erdenleben zeigt sich jetzt mit kraftvoller Weggestaltung für uns alle.

Unsere Kinder sind schon unterwegs – sie warten noch, bis die Erwachsenen so weit sind. Einige Kinder sind so schnell, dass sie schon an einer Wegkreuzung auf ihre Eltern warten. „Wo bleiben die so lange?" fragen sie. „Wir zeigen ihnen den Weg, und sie lassen sich durch so vieles aufhalten ..."

Das zu erkennen, ist die Arbeit an sich, um es auch zu begreifen.

Diese Klarheit ist deshalb so wichtig, weil unsere Erde uns auch einiges aufzeigt: wie es ihr geht und was sie braucht.

Das Vertrauen, dass es so ist, erlangt jeder für sich selbst: Wann er soweit ist, den Kindern den Glauben zu schenken und das Vertrauen.

Somit ist jeder aufgerufen, die Lehrveranstaltungen und Vorlesungen der Lebensschule als wichtigen Punkt für sich im Leben zu erkennen und zu sehen.

Den Zeitpunkt kann jeder selbst für sich ausmachen – es beginnen stets neue Semester ...

Es gibt auch Nachhilfe für uns, wenn wir uns in der Lebensschule überfordert fühlen oder etwas nicht verstehen. Die Kinder sind unsere Nachhilfelehrer, damit wir vieles besser aufnehmen können. Auf die Wahrheit der Kinder reagieren viele oft mit Unverständnis ...

Liebe Eltern!

Wir Kinder nehmen euch mit und reichen euch unsere Hände, damit ihr es leichter habt.
Wir Kinder verstehen es oft schon, bevor ihr es seht oder erkennt.
„Werdet wie die Kinder!" heißt es.

„Es geht nicht ums Glück –
es geht um den Frieden!
Und durch Friede entsteht
ein glücklicher Mensch."

Das ist eine Weisheit von einem wunderbaren Menschenkind.

Liebe ist die Verbindung für alles und zwischen allem!

Manchmal sieht, hört und fühlt der Mensch diese Liebe nicht – doch Liebe ist mit vielen Facetten ausgestattet:
Ein liebes Wort, eine Blume, ein Tier, eine Handlung, eine Erkenntnis und so weiter.

Der wichtigste Nährstoff für die Liebe ist die Achtsamkeit.
Diese ist wie ein Nahrungsergänzungsmittel: es ist rezeptfrei und kostet nichts –

Denn die Liebe ist frei.
Sie lässt sich nicht biegen, verändern und auch nicht bezahlen …
Alles Andere hat der Mensch selbst gemacht oder für sich selbst gerichtet in seinem Leben …

Freut euch!
Denn jeder kann der Liebe begegnen!
Sie versteckt sich nicht, und der Wert an sich war und ist immer schon da.

Gemeinsam ist das Leben für alle ein Geschenk,
die Liebe ist wie ein Gebet,
die als höchste Kraft im Leben steht.
So sei es gedankt der großen Macht,
die all die Liebe der Himmel macht.

Eine Lebensaufgabe ...

... Es bleibt jedem selbst überlassen, ob er sie erfüllt.
Ein Lebensauftrag hingegen ist zu erfüllen.
Da es viele Menschen gibt, die dagegen arbeiten, ist es oft
schwierig, für sich den Weg zu sehen.

Ich habe oft gehört und gelesen:
Körper, Geist und Seele.
Jetzt darf ich es für euch richtig stellen, denn die Seele ist die Chefin in Jedem!

Wenn der Körper zuerst kommt, zeigt er es uns oft mit Schmerz und in weiterer Folge mit Krankheit.

Deshalb lautet es richtig:

Seele, Geist und Körper!

Wenn Menschen oder Kinder oft gebückt gehen und die Schultern hängen lassen, drückt die Seele.
Früher sagte man zu einer ärmellosen Jacke „Seelenwärmer".
Die Seele kann auch wandern – bei Frauen ist sie im Unterleib.

Eine wunderbare Idee:

Besuche deinen Arzt einmal, wenn es dir sehr gut geht.
Wenn dann der Arzt bestätigt, dass alles in Ordnung ist, welches Gefühl der Freudewürde den Arzt und dich verbinden?

Eine weitere Möglichkeit:

Nützt die Sonnenkraft und Wärme! Durch die Sonnenkraft entsteht alles Leben.
Die Sonne schenkt ihre wärmenden Strahlen jedem gleich und erweckt Lebensfreude!

Die Hoffnung auf die Wunder dieser Erde ist geheilt –
Jeder Mensch kann wieder leben,
wenn er mit anderen teilt.

So vieles kann noch geschehen,
wenn Liebe einfach fließt.
Es gibt so viele Hände,
die man nicht vergisst.

Es kann geschehen,
der Mensch soll es verstehen.

Das Heilwerden des Menschen ist Gnade im Herzen.

Jede Seele vertraut der göttlichen Allmacht und erkennt die Liebe in sich.

Segen für die Freude des inneren Lebenskerns, der den Ursprung in sich trägt.

So sei es!

Danke!

Versucht einmal, mit euren Händen die Erdenergie zu spüren! Zuerst die Hände aneinander reiben und sie dann auf die Erde legen.

Ich stelle mir vor, dass von meinem Herzen rosa Herzen in die Erde fließen – und viel Dankbarkeit.

Die Kraft der Erde stärkt uns und unseren Weg.

Die Dankbarkeit ist der Lohn des Himmels und der Erde.

Die Erde ist für uns da, wie wunderbar!

Der Mensch selbst ist das Glück zu seinem Weg!

Es ist so.

Danke!

Ein Mann kommt in den Himmel, und Gott zeigt ihm sein neues Zuhause. Da sieht der Mann in einem Raum viele Geschenke. Er fragt Gott, was das bedeutet.

Gott antwortet: „Diese Geschenke waren alle für dich – du hast sie leider nie angefordert!"

Das heißt, wir können viel erreichen und bekommen, was sich unser Herz aus Liebe wünscht!

Suche in dir die Antwort –
und du wirst sie finden!

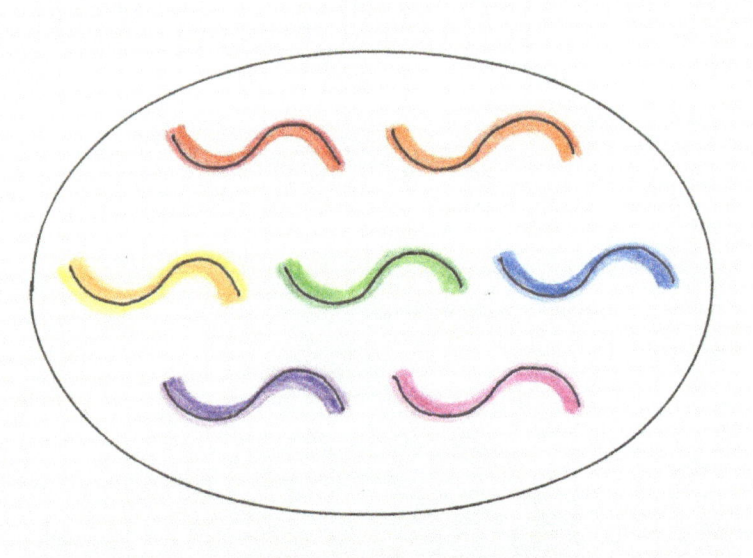

Die Blumen des Lebens warten auf dich,
nimm an das Geschenk, es ist für dich!

Die Kraft des Himmels gibt uns Mut,
die Liebe ist das höchste Gut.

Segne das Leben, es ist in dir,
denn alles zu geben, darum bist du hier.

Vertraue der Wahrheit,
der Weg ist das Ziel,
nimmt dir so viel Glück wie du brauchst,
der Reichtum, der Segen, worauf du baust.

So entsteht viel Neues, hast alles vernommen,
die Kraft der Liebe kann jeder bekommen.

Die Erde trägt uns, das Wunder ist sie,
verweile im Staunen und bete für sie.

Die Dankbarkeit ist reichlich,
sie nährt dich jeden Tag,
lebe mit ihr – dann bist du gelabt.

So dank dir auch selbst, du hast es verdient,
das Leben zu achten, das ist der Sinn.

Ich bin heute sehr dankbar, dass ich in Einfachheit aufwuchs,
und die Natur ist ein Segen für mich!
Die Kraft für meinen Weg ist in der Natur, denn die Blumen
mit ihrer Farbenvielfalt erfreuen mein Herz.
Bitte lebt wieder im Einklang mit der Natur, denn sie ist es,
die uns allen das Leben ermöglicht!

Wenn die Wurzeln sich ausgetobt haben, gehen sie zurück zum Herzplaneten, um sich mit neuer Kraft aufzutanken. (Elias)

Gott ist die Sprache der Liebe.

Sage „Ja!" – und er führt auch dich, denn du bist wertvoll!

Vertraue deiner Seele, denn sie ist es, die dich lebt.

Die Kraft des Lichtes ist heute noch unsere Zukunft!

Glühbirnen, Glühwürmchen, Sonnenlicht … es gibt viel Licht für uns.

Diese Lichtquellen hast auch du in dir, und du kannst sie für dich nützen!

Dein Akku ist das Herz.
Also stärkedein Herz durch die Liebe zu dir selbst, denn daraus entsteht in dir Licht.

Das Angenehme am eigenen Licht ist, dass du monatlich keinen Zahlschein erhältst …
Du selbst entscheidest, wie viel Licht du gerade brauchst und wie hoch du auf der Wärme-Skala hinauf schaltest, denn:

Licht erzeugt Wärme.
Wärme ist Liebe.

Liebe sind wir!

Voraussetzung:
Für die Selbstheilung der Haut sind viele Gespräche mit der
Seele und dem Herzen wichtig, um selbst zu erkennen,
warum dieses Problem mich begleitet.
Der beste Arzt kann nicht helfen, wenn die Seele nicht frei ist.
Das beste Medikament verliert seine Wirkung, wenn der
Mensch es ablehnt und nicht erkennt, dass er durch
Vertrauen sich selbst in Heilung bringt.
Das Vertrauen und die Liebe zu sich selbst ist die
wunderbarste Heilung jedes Wesens.
Jedes Lebewesen ist so wertvoll, die göttliche Liebe fließt in
jedem.

Die Entdeckungsreise kann jetzt beginnen!
Macht euch auf! Seid in eurem Leben der eigene Meister.
Jeder ist sein eigener Meister und darf alles für sich nützen.
Dem Menschen kann nur geholfen werden, wenn er bereit
ist, sich selbst zu erforschen.
Unser Leben ist in Gnade gehüllt, und oft entstehen Wunder
über Nacht …

Eine wunderbare Begebenheit hatte ich mit einer Klientin, die mir erzählte, dass sie von klein auf das Gefühl habe, jemand begleitet sie.

Ich erkannte, dass ihre Mutter Zwillinge geboren hätte, doch ihr Bruder hat sich nicht verkörpert, das heißt, er war energetisch bei ihr. Ich sagte ihr, der Bruder hätte den Namen Marco bekommen. Daraufhin sah sie mich mit erstaunten Augen an und bemerkte, dass sie ein Enkelkind mit dem Namen Marco hat.

Die Frau weinte vor Freude, und es berührte uns beide.

Es ist wichtig, wenn man mit Menschen arbeitet, dass man nicht mitleidet sondern mitfühlt.

Jeder kann auf seine Art sein Leben begrüßen.

Um Heilung für sich selbst zu aktivieren, ist es wichtig, die Probleme anzuschauen, warum sie jetzt im Leben wirken.

Für mich selbst ist die Familie eine große Lernhilfe, denn unsere Töchter geben mir viel Lernmaterial.

Und die absolute Bodenständigkeit vom Vater unserer Töchter stärkt auch mich.

Danke in Liebe!

Ich danke auch den Omas und Opas, denn sie tragen sehr viel Weisheit in sich, um weiter zu wachsen.

Der Spiegel zu uns selbst ist meistens unser Gegenüber.

Die Freiheit liegt in uns – sie fördert die Lebensfreude und die Liebe, mit der wir älteren Menschen begegnen.

Ich bin dankbar, auch zu mir selbst, dass ich immer wieder den Mut habe, vorwärts zu gehen.

Ich möchte jetzt auch vielen danken, die immer bereit sind uns zu helfen. Es ist wichtig, viel zu fragen und zu kommunizieren.

In unserer Familie gab es einen Kater namens Massimo. Er hatte schon viele Krankheitsbilder durchlebt, und sein Gesundheitszustand war öfters bedenklich. Gemeinsam mit dem Tierarzt Jonni, dem ich von ganzem Herzen danke, begleiteten wir Massimo in die Gesundung. Dass er auch meine einfachen Mittel akzeptierte, war für mich eine große Freude.

Die Dankbarkeit zeigte Massimo mit seiner nächtlichen Forderung, Spaziergänge zu machen. Er konnte sehr schlecht sehen, doch sein Tastsinn faszinierte die gesamte Nachbarschaft. Wenn ein Hindernis oder eine Stufe vor ihm auftauchte, tastete er mit der Pfote ganz vorsichtig und schaffte es wunderbar, sich zurecht zu finden.

Monatelang marschierte ich nachts mit der Taschenlampe, oft war ich sehr müde, doch meine Belohnung war der Anblick des wunderbaren Sternenhimmels. Ich kam mir jedes Mal vor wie ein Kind, das voller Staunen in den Himmel schaut.

Deshalb arbeite ich voller Freude auch mit Tieren, denn auch sie zeigen uns durch ihre Liebe das Vertrauen.

Liebe ist das stärkste
Heilmittel aus der
Himmelsapotheke!

74

Engel der Musik

Epilog

Das Leben gehört dir!
Es ist deine Musik, die in dir selbst spielt.
Wir überliefern dir jetzt dein erstes Lied für die Menschen.

Es ist ein Mensch der Liebe,
er singt für euch allein,
es gibt das Reich der Gnade –
er zeigt es euch, wie fein.

Die Liebe bringt so vieles,
erlebe! – es ist deins.
Wir singen alle gemeinsam
ein Lied für die Fans.

Hört, es ist ein Klingen,
der Tag ist aufgewacht,
die Sonne, welche Freude,
sie lacht.

So sind wir neu geboren
in den Herzen – es macht Sinn!
Verbindet euch mit allen,
so seid ihr mittendrin.

Gemeinsam ist das Leben
für alle ein Geschenk,
die Liebe ist wie ein Gebet,
die höchste Kraft im Leben steht.
So sei´s gedankt

der großen Macht
die alle Liebe der Himmel macht.

Es ist eine Liebe,
die uns im Herzen trägt.
Wie wunderbar es sich anfühlt,
wenn alles sich nun hebt.

Der Glaube an das Leben
bringt uns den großen Segen.
Das Wunder kann geschehen –
nun singt ein Lied des Friedens.

Es ist die Kraft von Gott,
er liebt uns Kinder sehr
und in aller Schönheit
blüht im ganzen Land ein Blumenmeer.

Die Hoffnung auf das Wunder –
Die Erde ist geheilt!
Der Mensch kann wieder leben,
wenn er mit andern teilt.

Es ist ein Lied der Fülle,
so spürt hinein ins Glück.
Vertrauen gibt uns allen,
wir werden ja so geliebt.

Vieles kann noch geschehen,
wenn Liebe einfach fließt,
es gibt so viele Hände,
die man nicht vergisst.
Erlebt die große Reise,
die ein solches Lied uns gibt,

verbringt auf diese Weise
das Licht auf dieser Welt.

Es ist ein Traum des Lebens,
das Wunder kann geschehen.
Die Liebe ist der Zauber der Musik
es zu verstehen.

Vertrauen ist das Wort –
es bringt uns an den richtigen Ort.

Verweilt – es singt der Wind,
ich bin verliebt wie ein Kind.
Es kann geschehen,
der Mensch soll es verstehen.

Die Wahrheit ist das Leben –
Das Glück im Herzen –
Du bist im Garten Eden!

Danke von ganzem Herzen!
Linara

Eine Geschichte aus jener Zeit, als ich noch als Kosmetikerin arbeitete:

In meinen jungen Jahren hatte ich öfters Schwächezustände. Eine Augendiagnostikerin, die ich als junge Frau um Hilfe bat, erklärte mir:
„Was frisst ein Pferd? Ein Pferd frisst Hafer – und auch Du solltest Hafer essen!"
In meinen Utensilien befinden sich seither immer Haferflocken, die ich auf jede beliebige Art und Weise kochen kann.
Der Hafer wirkt sich sehr günstig auf unsere Nerven und unsere Kraft aus!

Jedes Wesen hat Kristalle für sein Leben.

Die Kraft der Kristalle ist segensreich.

Nützt diese Kraft!
Sie stärkt uns.

Die Kristalle bestehen aus sehr vielen Informationen.
Jeder hat seinen eigenen Geburtskristall

Die Lemurias waren voller Liebe zu allem Sein.
Wenn eine Mutter ein Kind gebar, saß sie in einem
Kräuterbett, durch die Dämpfe wurde der Geburtsvorgang
erleichtert. Wenn dann der neue Erdenbürger das Licht der
Welt erblickt hatte, brachte der Ortsälteste, ein weiser Mann,
dem Kinde seinen Lebenskristall.

Heute kommen sehr viele Kristall- und Regenbogenkinder auf
die Welt.

Wenn ich an die Delphine und Wale denke, zitiere ich aus dem Buch „Gespräche mit Erzengel Michael":

Wenn die Wale und Delphine nicht so tief im Wasser lägen, um das Gleichgewicht zu halten, würde uns die Erde meterhoch den Müll zurück geben!"

Als ich das las, war ich am Strand in Italien. Ich hatte Tränen in den Augen vor Rührung, dass mich diese wundervollen Tiere schon so lange begleiteten!
Da mir bewusst war, dass Wasser der größte Informationsträger ist, schrieb ich in den Sand:
„Ich danke den Walen und Delphinen! In Liebe!"
Diese Information des Dankes nahm die nächste Welle mit ins Meer. Mein Staunen war sehr groß, als ich etwas später zum Schwimmen ins Wasser ging: Plötzlich umgab mich starker Fischgeruch. Ich fragte, welche Botschaft mich damit erreichen sollte, und bekam die Antwort:
„Die Wale und Delphine danken dir!"
Seit damals schreibe ich immer wieder Botschaften in den Sand, voller Dankbarkeit und Liebe für uns alle!
Mir wurde gesagt, dass ich die Sprache der Delphine lernen werde. Daraufhin machte ich eine Reise nach Florida, gemeinsam mit drei wunderbaren Wegbegleitern: Hansi, Anke und Renate. Ich bin diesen Menschen sehr dankbar, dass sie mich mitgenommen haben.

**Blumenkunde   und Kräuterkraft
stärkt unseren Lebenssaft!**

Mit dieser Weisheit von mir möchte ich euch allen danken, die ihr dieses Buch lest.

Jeder kann seinen Weg mit viel Selbsteinsatz gehen.
Es ist wie die Entstehung eines Kindes im Mutterleib.

„Was wächst heute wieder weiter, das mein Leben stärkt?"

Vertraue und staune über dich selbst und das was du bist:
EINZIGARTIG ! –

So wie unsere Mutter Erde!

Vertrauen ist der stärkste Glaube in uns.

Ein Vertrauensschlüssel ist von ganzer Gotteskraft für Dich angefertigt worden!

Ein Segensspruch für absolutes Vertrauen:

Die Kraft meines Weges lehrt mich zu üben im Sein meines ICH BIN!

Heilgebet für Mutter Erde

Wir Menschen, die dich lieben,
göttliche Mutter Erde,
wir sind in Liebe gehüllt,
um Dir zu helfen.

Im Auftrag Gottes wirken wir für Dich, liebe Erde!

Wir geben dir die Achtung zurück,
damit du wieder in deiner vollkommenen Kraft und Liebe
mit uns Menschen verbunden bist.

Bitte nimm unsere Liebe an,
wir sind in Dankbarkeit für alles,
was du uns gibst.

Wir lieben dich,
wir danken dir in Würde!

Gechannelt von Linara für die Mutter Erde

Danke!

Gnade ist Liebe
Liebe ist frei
Frei ist Leben
Und Leben ist Gott

Gott ist die Seele
Seele ist Heimat
Heimat ist zu Hause sein
In sich!

Die
neuesten
Werke

Was ich vergaß zu schreiben …

Ich lernte zu vergessen – und so habe ich auch vergessen, was ich vergessen habe zu schreiben …
Doch wenn ich jetzt wieder lerne, mich zu erinnern, denke ich:
Was habe ich gelernt?
Worte sagt man oft schnell, doch das geschriebene Wort umfasst viel Raum: Ist es die Wahrheit oder eine momentane Gedankenflut?
Nein!
Meinen Raum habe ich aufgeräumt, um Neues zu schreiben!
Was ich vergessen habe zu schreiben, hat heute keine Kraft mehr.
Neues schafft Veränderung – und meine wichtigste Schreibkunst ist Lebensstärke, die meine Feder ins Tun treibt.
Und so entstand mein zweites Buch!

Doch jetzt vergaß ich fast etwas zu schreiben:

Ihr alle seid mir wichtig!

Kunterbunt

Kunterbunt ist das Leben,
kunterbunt und reich an Segen.
Kunterbunt sind die Farben gemixt,
denn gerade da die Kreativität sitzt.

Das Leben erkennt die Farben gut,
es fördert auch oft den Mut.
Wo siehst du die Farben kunterbunt?
Könntest dich damit umgeben rundherum.

Es leuchtet das Licht,
die Farbe bricht.
Eine Spiegelung von solcher Schönheit –
bist du gescheit!?

Das steigt über mein Verstehen –
wie kann ein Farb-Mix so schnell entstehen?
Und was ist denn das:
die Farben hat der Schatten erfasst!?

Jetzt schauen sie ganz anders aus:
Es wird aus einem Lichtkegel eine graue Maus.
Doch wenn diese Unterschiede
zwischen Licht und Schatten nicht wären,
wie könnten wir uns dann vermehren?

Es ist eine eigene Wissenschaft,
das Lichtspiel zwischen den Farben-Welten,
oft sind sie ganz selten.
Denken wir an einen Regenbogen!
Durch diese Faszination werden unsere Augen hingezogen.

Es ist ein Wunder, was wir genießen –
und dadurch unsere Gefühle für die Natur sprießen.
So geschieht etwas aus dem Moment heraus,
ich glaube, jetzt ist es Zeit für einen Applaus!

Denn die Farben haben es verdient,
dass wir sie achten:
in lebenswertem Sinn.
Bist auch du kunterbunt,
dann bist du rundherum gesund!

Schau, wie wertvoll wir jetzt wieder vieles spüren.
das Leben wird uns weiter führen
zu Orten, die wir noch nicht kennen,
im Herzen wir uns danach sehnen.

Lassen wir gemeinsam wieder Farben leben,
dann kann geschehen in der Natur wieder Garten Eden.

Tea time

Ein Geruch von geheimnisvollen Kräutern erreicht meine
Nase. Ich weiß zwar nicht, an welche Situation mich das
erinnert – es ist öfters da. Immer wieder verändert sich die
Umgebung, und eine Leichtigkeit beflügelt mich. Es tauchen
Bilder auf, die ich nicht kenne, und dieser Geruch von
erlesenen Kräutern verzaubert mich fast. Denn diese Gerüche
steigen in mein Bewusstsein und filtern eine Antwort.
Woher kenne ich dieses Gefühl von Weite, Leichtigkeit? Ich
umschreibe es einmal so: Ich werde eingeladen auf einen
Genuss des Seins in mir selbst.
Da ich jetzt darüber schreibe, kommt auch der Wert einer Tea
time zustande – doch woher kommen all die Gerüche, die
Wertigkeit, die Leichtigkeit und auch der Genuss?
Dann plötzlich sehe ich mich in einer Familie. Sie trinken
jeden Tag um dieselbe Zeit genussvoll den Tee – doch es ist
nicht meine Familie.
Ich war so lange eingeladen, bis sich diese Familie von der
Erde verabschiedete, doch es bleibt ein wunderbares
Miteinander, Zeit haben füreinander und das Sein für uns!
Leise gehe ich. Die Erinnerung bleibt.

Der reiche Einbrecher

Kurzkrimi

Das Licht geht aus, und es geschehen unglaubliche Dinge: Ein Schrei in die Nacht, eine Gestalt bewegt sich, und Maria fühlt die Kälte, die sie umgibt.

Plötzlich steht eine Person vor Maria - sie spürt es, sie fühlt es, und ein Atem berührt ihre Haut.

Maria tastet nach vorne und greift ins Leere, doch dieses Gefühl nicht allein zu sein beängstigt sie sehr. Ihre Augen können nichts sehen, ihren Lippen entkommt kein Wort. Ihre Ohren hören nichts, absolute Stille - nur den Atem kann Maria spüren. Sie schweigt und bewegt sich nicht.

Eine beängstigte Situation für Maria - sie tastet nach einem Lichtschalter. Die Wände, die sie jetzt mit ihren Händen abtastet, werden immer großräumiger. Ein kugelförmiges Etwas bewegt sich auf einmal in ihre Wange. Maria erstarrt vor Schreck. Das ist das Ende meines Lebens, denkt Maria. Ein kalter Strom durchfließt ihr ganzes Sein.

Das Leben zieht an ihr vorbei, so schnell, so ruckartig erscheinen ihr die Bilder im Kopf.

Der Atem vor ihr entfernt sich, und sie drückt jetzt auf einen Lichtschalter, der auf einmal zu ertasten ist. Sie wurde hingeführt zu diesem Lichtschalter, und ein fast Melodie-mäßiges Geräusch weckt sie aus ihren Gedanken. Es ist ganz hell im Zimmer, denn Maria hat schon gelernt, hell und dunkel zu unterscheiden. Sie schreckt auf, der Atem ist jetzt wieder vor ihr spürbar. Ganz nah, fast zärtlich, wie sie es empfindet. Sie öffnet ihre Augen, doch Maria weiß, dass sie nichts sehen kann, denn Maria ist blind - und der Einbrecher schreit sie an! Auch er hat Angst, denn Maria hat ihn

überrascht: Er wusste vom Reichtum ihrer Mutter, doch er wusste nicht, dass diese junge Frau vor ihm blind ist! Er hat Angst erkannt zu werden und versteckt sich bei Maria im Zimmer.
Jetzt schämst er sich zutiefst, dass er sich, was Reichtum angeht, geirrt hat. Auf einmal fühlt, spürt, erkennt und weiß er, dass er selbst schon den größten Reichtum besitzt:
ER KANN SEHEN!

Whisky und Havanna

Stolz geht er auf mich zu, berührt mich mit einem sicheren Lächeln in seinem Gesicht.
Mit fragendem Blick gebe ich ihm zu verstehen, dass es lange her ist, als er mich erfahren hat. Zu lange, wie mein Herz gleich die Antwort gibt.
Er spielt sein Spiel gelassen, und mit stolzer Haltung bewegt er sich in Richtung Theke.
Ja, ich weiß, dass er sich noch nicht geändert hat.
Seine raue, fast beängstigende Stimme durchschauert meinen ganzen Körper.
Mit einer flinken Handbewegung deutet er zum Kellner und bestellt sich einen Whisky.
Er trinkt zu schnell, und sein Blick wandert wieder zu mir.
Daraufhin bestellt er sich noch eine Havanna und macht auf cool.
Dieses Gehabe imponiert mir nicht mehr. Er kommt näher.
Dieser Geruch, diese Stimme und diese Lässigkeit erzeugen in mir das Gefühl von unerfüllter Sehnsucht.
Er steht jetzt ganz nahe vor mir, schaut mich an, und seine Augen berühren mich auch da, wo ich es gar nicht will.
Plötzlich bricht sein Stolz in ihm, seine Augen füllen sich mit Tränen. Er fängt eine Träne mit einem Finger auf, und mit einer fast zärtlichen Geste gibt er mir diese Träne auf meine Lippen.
Er nimmt einen tiefen Zug von seiner Havanna - und der Rauch bringt mich wieder in die Wirklichkeit zurück.
Er sagt nur einen Satz, bevor er geht:
„Du fehlst mir!"

Frauenschuh

Schau, schau
Wer kommt denn da?
Es ist eine Frau – wou!

Nanu, nanu
Was hat sie am Fuß?
Ganz tolle Schuh –
Sie kommt im Nu …

Sie lächelt und träumt vom großen Glück –
Sie will vom Kuchen des Lebens auch ein süßes Stück!

Sie geht gerade,
ihre Haltung ist famos,
geboren einst aus Mutters Schoss –
sie trägt die Leichtigkeit der Liebe,
ihre Lebensweisheit ist Friede!

Freut euch mit uns Frauen,
ihr Männer,
ihr könnt auch auf uns bauen …

Auch ihr seid es wert,
im Leben ein Zeichen zu setzen,
damit Frau und Mann nicht leben
nur nach Gesetzen …

Der Frauenschuh lockt Männer an!
Haben wir jetzt verstanden, worum es geht?
Setzt ein Zeichen der Liebe –

Sie ist die stärkste Kraft!
Gott hat sie uns mitgegeben,
er hat sie erschaffen!

Nimm die Liebe für´s Leben mit,
dann bekommst auch Du
vom Kuchen des Lebens ein süßes Stück!

Hm, Hm –
Wie wunderbar das schmeckt!
Ich glaube,
dazu passt jetzt ein Glas Sekt.

Die tolle Frau, sie kommt dir entgegen
mit einer Eleganz –
Frau fordert dich auf zum Tanz.
Jedes Wort von ihr spielt eine Melodie,
ihr singt gemeinsam ein Lied der Poesie.

Das Licht des Lebens begleitet beide,
es fühlt sich an auf der Haut wie Seide.

Feiern wir gemeinsam viele Stunden,
dann kommen wir alle super über die Runden –
kommt auch ihr mit!

Alles oder Nichts

Ich frage mich:
Ist Alles zu viel
oder Nichts zu wenig?

Was ist dazwischen?
Bedeutet Alles zu haben
Reichtum
oder Nichts Stillstand?

Aus einem solchen Stillstand heraus
entstand für mich Reichtum!

Ich ging über die Wiesen und Felder
die Bauern hatten schon geerntet
und überall lagen die Früchte der Erde
mit meinen Händen und bei eisiger Kälte
habe ich die Schätze aus dem Boden geholt.

Welche Freude!
Welcher Reichtum!

Ich gehe voller Achtung und Wertschätzung
durchs kostbare Leben
denn zur Zeit und schon lange verlassen viele ihre Heimat
so wie ich es getan habe
und doch entsteht Neues
die Türen gehen auf
Helfende Hände sind da
Gemeinsam sind wir stark

Eine Handvoll Liebe trägt uns
das ist Reichtum!

Haarfarbe

-   Die Entstehung einer bildnerischen Entwicklung nach
    einer Haartönung mit Naturfarben

Ich erkundigte mich wegen einer Haartönung, damit meine
Haarfarbe wieder natürlich aussieht.
Die Verkäuferin sagte gleich zu meiner Wahl: „Dunkelblond?
Das wird ihre weißen Haare nicht abdecken!" Ich überlegte –
und kaufte dann trotzdem die Naturfarbe.
Zu Hause mischte ich das Pulver mit heißem Wasser, und es
entstand ein tonfarbiger Brei. Nach langer Einwirkzeit war ich
schon sehr neugierig, welche Farbe meine Haare haben
würden. Ich beugte mich über die Badewanne und wusch die
Restfarbe aus meinen Haaren. Da die Tonfarbe nur langsam
den Abfluss hinunter rann, dachte ich, ich reinige die Wanne
später und trockne vorher meine Haare. Ein Blick in den
Spiegel ließ mich sofort an die Verkäuferin denken: die Farbe
hatte meine weißen Haare nicht abgedeckt ... Ich sah aus wie
vor der Tönung! Also war ich eine Erfahrung reicher.
Anschließend wollte ich die Badewanne reinigen. Da staunte
ich aber! Die Farbtönung hatte eine faszinierende Bilddar-
stellung hinterlassen!
Ich schoss mit dem Handy dieses Foto:

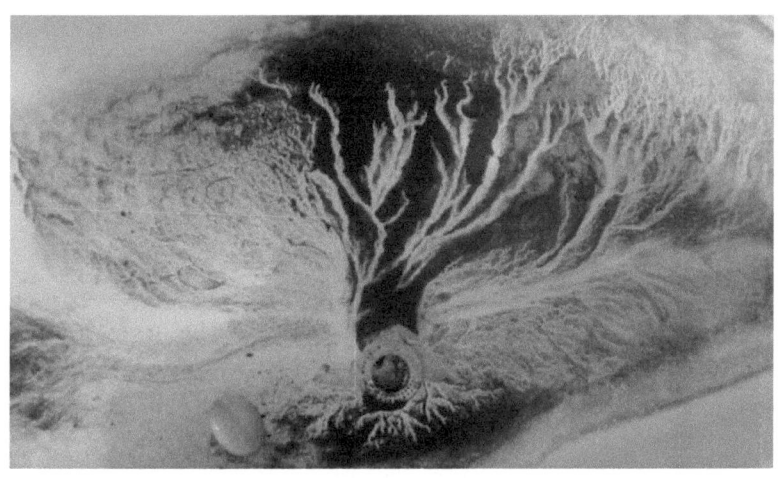

Also hatte meine Badewanne die Farbe angenommen, meine Haare hingegen nicht!
Allein wegen dieses wunderschönen Schauspiels hatte sich der Kauf der Naturfarbe gelohnt.

Besondere Begegnung

Er ist ein Junge wie jeder andere – und doch ist er anders.
Sami wurde in Österreich geboren, doch sein Vater ist in der Türkei aufgewachsen.
Jeden Tag in der Schule suchte Sami meine Nähe. In seinen großen Augen sah ich stets eine Bitte: „Hilf mir!“
So gut ich konnte, erklärte ich ihm viele Dinge fürs Leben. Ich fuhr ihm öfters durchs einen Lockenkopf, wenn er vor mir stand.
Eines Tages sah ich, dass ihn eine tiefe Traurigkeit umgibt. Er erzählte mir, dass seine Eltern planten, in die Türkei zu ziehen. Sami wurde sehr nervös und auffällig – ich erkannte, dass es ein Hilfeschrei war. Er sagte: „Du bist meine beste Freundin auf der Welt!“
Eines Morgens nach Unterrichtsbeginn flüsterte er mir zu, dass ich von ihm einen Brief und eine Rose bekommen werde.
Tage später stand er freudestrahlend vor mir und übergab mir diesen Brief und eine duftende Rose!
Ich drückte ihn voller Liebe, und Tränen standen in meinen Augen.
Ein kleiner Junge mit einem solch wunderbaren Herzen – das ist ein Geschenk des Lebens …

Sami und seine Mutter erlaubten mir die Veröffentlichung dieses Briefes – „So wirkt Liebe!“

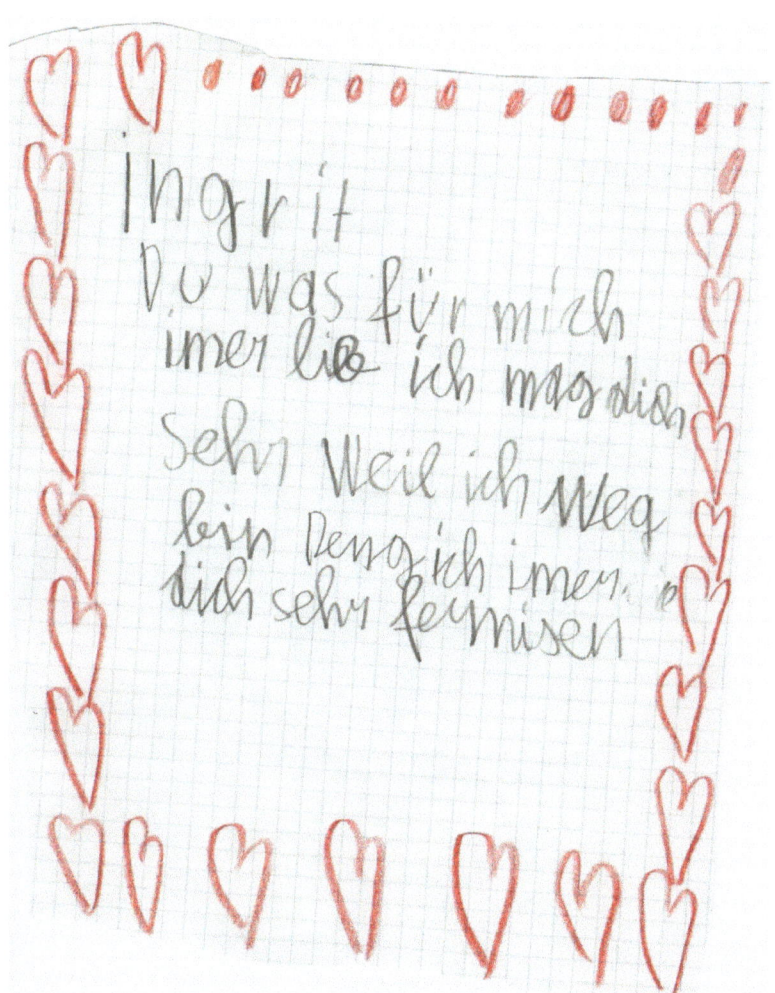

Für Ingrid

Immer warst du für mich da.

Nie hast du mir geschweit.

Gott soll dich immer beschützen.

Rosen bunte Rosen schenke ich dir.

Ich werde dich nie vergessen,

Die Schule meine Lehrerin
meine Direktorin und meine
Freunde werde ich soooooo
vermissen.

Von
Sami Kembek
25. 7. 2007

25.4.2016

Du bist sehr Lieb!
ich bin froh das es dich
gibt!
und ich bin auch froh
das es dich gibt
ich bin froh das es
dich gibt auf der Welt

Mein Seelenbild

Ein Freund

Es war mal ein Fisch
der eisam durch tas
meer schwimt. er
sucht einen Freund
er fant eine meergungsfrausie
die war aber ein
mädchen er nam
sie zur frau
da schwom ein delfin
Vorbei Peter frogt magst
du mein Freund sein
Ja Peter ich heiße

Julia
bist

Julian ich sache gerate
auch enen Freund.
Wolen wir eine
Familielie werden.
fragt Petter Julian
schweigt Ja sagte
er dan.

Peter war der glucklichsten
Fish imsee.
Julian war der   ende
glucklichste detin   Is
sie leben bis zu ihr leben

Hochmut kommt vor dem Fall

Es war einmal ein alter Mann, der reichlich mit Gütern gesegnet war. Er lebte in den Tag hinein, teilte sich seine Güter gut ein und war eigentlich zufrieden.
Doch gerade das Wort „eigentlich" ist hier entscheidend: Er war doch nicht ganz zufrieden.
Er bestellte nämlich für sich und seine Tiere jedes Jahr zu viel Vorrat, den er gar nicht verbrauchen konnte. Und jedes Mal, wenn das Jahr zu Ende ging, wurde er sehr traurig.
Er wusste, was sein Fehler war – und doch tat er es stets wieder gleich.
Doch in jenem Jahr nahm er sich vor, nur so viel zu bestellen, wie er wirklich brauchte. Und er schaffte es – das stimmte ihn fröhlich!
Aber im darauf folgenden Jahr verbrauchte er viel mehr an wichtigen Dingen, weil sich das Klima ständig veränderte.
Er wurde sehr zornig über sich selbst – sogar seinen Glauben an Gott verlor er kurzzeitig!
„Wie kann es sein, dass ich immer genug hatte, und dieses Jahr stehe ich vor der leeren Vorratskammer, obwohl das Jahr noch nicht zu Ende ist?"
Der alte Mann war ratlos, er ging im Kreis, und sein Zorn steigerte sich enorm.
Doch plötzlich kam ihm ein Gedanke: Sein Nachbar stand ja in seiner Schuld. Also machte er sich auf den Weg zum Nachbarhof und forderte ein, was ihm zustand.
Doch der Nachbar grinste abschätzig und freute sich über das Leid des alten Mannes. Er posaunte: „Du bekommst von mir kein Futter, ich bin dir gar nichts schuldig!"
Mit traurigem Blick und gesenktem Kopf ging der alte Mann wieder nach Hause. Plötzlich hörte er von weitem Hufschläge

von Pferden, die immer näher kamen. Er lief zur Wiese und konnte gar nicht glauben, was er sah:

Eine Kutsche stand da, voller Reichtümer, es war wie im Märchen!

Der Kutscher sagte: „Nimm dir so viel, wie du brauchst!"

Das war ein Segen für den Bauern! Er holte sein Pferd und den kleinen Karren und nahm wirklich nur so viel wie er brauchte.

Er bedankte sich beim Kutscher, wusste aber nicht, wer dieser war und woher er gekommen war. Bevor er fragen konnte, schnalzte der Kutscher mit der Gerte, und die Pferde begannen zu rennen. So wie sie gekommen waren, waren sie kurze Zeit später wieder am Horizont verschwunden.

In der darauf folgenden Nacht brauste ein fürchterlicher Sturm, und starker Regen prasselte mit großer Wucht gegen das Dach. Der alte Mann war froh, dass er wieder einen Vorrat hatte und dass er kurze Zeit vorher das Dach richten hatte lassen.

Zwei Tage später brachte der Briefträger wie jeden Tag die Zeitung. Auf der ersten Seite war zu lesen, dass der Nachbar in jener stürmischen Nacht durch das Unwetter seine gesamten Vorräte verloren hatte.

Der alte Mann freute sich darüber nicht, sondern er dankte Gott für das Wunder, das er ihm geschenkt hatte.

Sauwetter

Eine Windböe erfasste mich und versetzte sogar mein Auto auf der Straße. An jenem kalten, regnerischen Tag waren nicht viele Autofahrer unterwegs.

Ich dachte: Gott sei Dank bin ich bald zu Hause.

Doch plötzlich sah ich vor mir ein Umleitungsschild, und meine Fahrt würde jetzt doch etwas länger dauern. Die Richtungs-pfeile wurden immer mehr, und mir kam es so vor, als würde ich im Kreis fahren. Auf einmal geschahen seltsame Dinge: Kinder spielten auf der Straße, und an jeder Ecke waren bunte Luftballons zu sehen. Auf die Straße waren bunte Geschichten gemalt. Vor mir sah ich eine kleine Katze sitzen. Ich stieg aus, ging auf diese zu und streichelte sie. Dann kamen viele fröhliche Kinder zu mir, umkreisten mich und fragten, ob auch ich auf der Umleitungsstraße unterwegs wäre. Ich bejahte. Da lachten sie aus ganzem Herzen und schrien: „Dann bist du bei uns richtig!" Erst jetzt sah ich einen kleinen Jungen, der im Rollstuhl sehr langsam in meine Richtung fuhr. Er lächelte und sagte voller Freude: „Das sind meine Freunde! Ich habe heute Geburtstag. Da auch du zu uns gefunden hast, lade ich dich zu meiner Geburtstagsfeier ein!"

Herzenswärme erfüllte mich. Mein nächster Gedanke: Wo habe ich jetzt ein Geschenk für Jan, so hieß der Junge.

Da fiel mir ein, dass ich sehr oft einen Dankbarkeitsstein in meiner Hose bei mir trage. Ich holte ihn heraus, überreichte ihn Jan und sagte: „Das ist mein Geschenk an dich. Es ist ein Dankbarkeitsstein. Ich danke dir, dass ich durch dich wieder bei einem Wunder dabei sein darf!"

Die Liebe der Kinder ist grenzenlos! – ein Sonnenschein, gerade bei einem Sauwetter …

Worum es geht

Meine Aufgabe als Stützkraft in der Schule führt mich mit einem autistischen Kind in verschiedene Welten.

Elias sah mich – und wir hatten gleich eine Verbundenheit. Nach seiner Einschulung begleitete ich ihn, und ich staunte oft darüber, wie er das Leben sieht.

Nach einiger Zeit sagte er zu mir: „Ingrid, ich fange schon an zu vertrauen!"

So begann eine Gemeinsamkeit, die wir beide miteinander lebten.

Eines Tages gingen wir im Schulhof an einem blühenden Strauch vorbei. Elias fragte: „Willst du einen Zweig?" Ich bejahte, und Elias meinte: „Der Strauch hat ja gesagt, ich darf für dich einen Zweig abbrechen!"

Die Verbindung zur Natur haben wir beide, und wir erkennen oft Dinge, die andere gar nicht bemerken. Ich glaube, er freut sich darüber, dass ich ihn verstehe.

Ein Großprojekt in der Schule brachte mich zum Staunen. Die Schüler durften mit einer Malerin die Schulmauer bemalen. Elias fragte mich: „Ingrid, wieso müssen wir den Zaun anmalen?" Ich antwortete: „Es ist ja ein Glück, dass wir mit der Malerin diese Mauer bemalen dürfen!" Elias schaute mich an und sagte:

„Ingrid, es geht nicht ums Glück, es geht um den Frieden!"

Spürst auch du, dass Mutter
Erde uns braucht?!

Du bist gesund – wie
wunderbar,
Mutter Erde ist krank – wie
sonderbar!

Gemeinsam sind wir alle mit
und auf ihr unterwegs.

Der Mensch selbst ist das
Glück zu seinem Weg!

Lieber Mensch!

Ich bitte dich, gib der Mutter Erde aus ihrer Mitte heraus
wieder die gesunde Erdenkraft und Liebe, um eine neue Erde
zu erschaffen!

Danke in Liebe!

Jetzt sage ich DANKE! –

an euch liebe Leser!
Denn auch an euch liegt es,
dass es auf der Erde jetzt geht besser!

Der Weg gemeinsam ist doch viel schöner –
und wie ein Ziel ...
Daraus entwickelt sich recht viel!

Hier ein Lachen,
dort eine Hand –
Jetzt - wie eine Liebe –
Lebenslang!

Denn eins ist die Wahrheit,
das wissen wir alle:
Die Erde trägt uns,
sie nimmt keine Waage ...

Der Eine ist leichter, der Andere schwer –
die Erde gibt uns keine Diät ...
Wir sind aufgerufen, wieder zu lernen,
 wie man den Samen sät.

Und damit der Samen wieder sprießt:
Denk daran, dass du ihn gießt!
Das Miteinander, der Reichtum fließt ...

Reichtum hat viele Gesichter –
wenn wir ihn einladen,
können wir uns miteinander vertragen.
Wir: Du und ich.